Katja Reider

Geschichten
von der Ritterburg

Illustrationen von Lila L. Leiber

Bibliografische Information Der Deutschen Bibliothek
Die Deutsche Bibliothek verzeichnet diese Publikation
in der Deutschen Nationalbibliografie;
detaillierte bibliografische Daten sind im Internet
über *http://dnb.ddb.de* abrufbar.

*Der Umwelt zuliebe ist dieses Buch
auf chlorfrei gebleichtem Papier gedruckt.*

ISBN 3-7855-4739-0 – 1. Auflage 2003
© 2003 Loewe Verlag GmbH, Bindlach
Umschlagillustration: Lila L. Leiber
Reihengestaltung: Angelika Stubner

www.loewe-verlag.de

Inhalt

Ein wahrer Ritter

Auf der 🏰 ist heute

der 😈 los. Viele tapfere 🛡️

sind von weit her gekommen,

um zu feiern und zu kämpfen.

Aber ihre ⚔️ und 🗡️

sind stumpf. Die 🛡️ wollen

sich nämlich nicht verletzen.

Sie wollen den edlen

nur zeigen, wie stark und mutig

sie sind. Auch der tapfere

Kuno ist mit dabei.

Aufgeregt besteigt er sein  .

Ob es ihm gelingt, den kostbaren

goldenen  für seine  zu

erobern? Schon heben die

ihre  und stürmen los.

Aber da! Ein  scheut und

bäumt sich auf. Oje, der

fällt aus dem . Kuno sieht

es gleich: Der fremde  hat

sich am  verletzt!

Die anderen  reiten einfach

weiter. Nur Kuno stoppt. Er springt

schnell von seinem

und trägt den verletzten

vorsichtig in die 🏰 zurück.

Den goldenen  erringt ein

anderer . Aber das ist Kuno

egal! Den  auch. Sie jubeln

Kuno zu. Denn er hat geholfen,

ohne an sich selbst zu denken.

So soll ein edler sein!

Das findet auch der  .

Deshalb schenkt er Kuno einen

kostbaren  und einen

für die  seiner  .

Da ist Kuno stolz wie ein  .

Die kleine Torwächterin

Die  in der  sind

besorgt. Schon zweimal hat der

böse  Raffzahn ihre

überfallen. Wird er es erneut

versuchen? Die  oben auf

dem  und auf den

müssen besonders gut aufpassen!

Auch Annas Papa ist ein  .

Er bewacht das große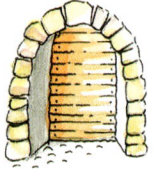

und die  .

Mittags bringt Anna ihrem Papa

frisches  aus dem  ,

denn die  brennt vom  .

Plötzlich ruft Annas Papa:

„Schaut, da hinten kommt

Lachmund mit seinen ! Ich

erkenne das  auf seinem ."

Anna klatscht freudig in die ,

denn  Lachmund ist immer

so lustig. Er spielt und singt

oft mit den  von der  .

Schon will Annas Papa die

schwere  hinunterlassen und

das 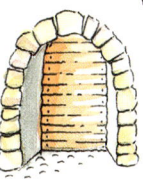 öffnen, da schreit Anna

aufgeregt: „Nein! Warte!

Das ist gar nicht  Lachmund!"

Anna erklärt: „Lachmund trägt

nen  immer in der rechten  .

Aber dieser  hält ihn links!"

„Stimmt, Anna!", sagt Papa. „Das

kann nur  Raffzahn sein!

Fast hätte ich mich täuschen lassen und ihm das 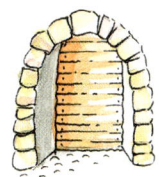 geöffnet! Anna, du hast uns und unsere  gerettet!" Da strahlt Anna bis über beide .

Das Untier

Im  vor der 🏰 lebt

ein 🐉 . Er ist groß wie

ein 🗼 . Und er speit 🔥 ,

genau wie alle anderen 🐉 .

Die 👥 von der 🏰 fürchten

den 🐉 . Sie trauen sich nicht

mehr alleine in den 🌲 .

Nur Konrad, der kleine  ,

fürchtet sich nicht. „Wahrscheinlich

sieht mich der  gar nicht",

denkt Konrad. „Ich bin ja nicht

viel größer als ein  !"

Aber kaum ist Konrad im ,

kommt der  auch schon

angetrabt. Dem kleinen   Konrad

rutscht das  in die .

„W-willst d-du m-mich f-fressen?",

fragt er den  zitternd.

„Nö", sagt der . „Ich fresse

nur  und . Und du?

Willst du mit mir kämpfen, ?"

„Äh, nein!", sagt Konrad.

Der  atmet auf.

„Ich dachte, wollen immer

nur kämpfen. Nimmst du mich

dann wenigstens mit in die ?"

Der kleine  zögert.

„Bitte, bitte!", bettelt der  .

„Es ist so furchtbar langweilig

hier allein im  ."

Schließlich gibt Konrad nach, und

der  folgt ihm in die  .

Zuerst fürchten sich die  .

Aber nicht lange. Bald schon spielt

der  mit den  und

schwimmt mit ihnen im  .

Abends hilft er dann dem  ,

ein  zu machen.

Alle freuen sich, dass Konrad

den  mit in die

gebracht hat. Aber was am besten

ist: Seit der  in der

lebt, wird sie nicht mehr überfallen!

Der Gespenster-Turm

Arne langweilt sich. Mama und

Papa wollen schon wieder eine

alte  besichtigen.

Die  steht auf einer

kleinen  in einem 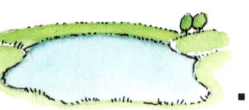 .

Nur eine schmale  verbindet

die  mit dem  .

„Wenn früher feindliche

anrückten", erklärt Papa, „wurde

die  einfach hochgezogen.

So waren die  in der

vorerst sicher."

Arne gähnt. Das mit der

weiß doch jedes  !

Überhaupt hat er sich die

viel aufregender vorgestellt!

Hier am 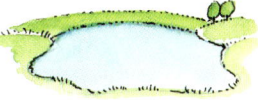 steht ja nur

noch ein langweiliger .

Die restlichen   der

sind halb zerfallen. „Kommt,

wir besichtigen den !",

schlägt Arnes Mama vor.

Arne seufzt. Jetzt muss er auch

noch tausend  steigen!

Mama und Papa gehen voraus.

Im 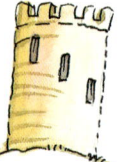 ist es dunkel und feucht.

Und diese  überall!

Arne fröstelt und läuft schneller.

Der 🏰 ist richtig unheimlich!

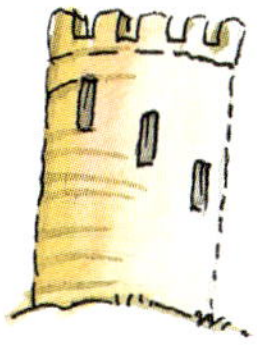

„Uuuaah!", macht es plötzlich

hinter Arne. Erschrocken fährt

er herum. Oh nein, ein  !

Es trägt einen weißen  und

rasselt mit einer rostigen  .

Jetzt schreit es wieder: „Uuuaah!"

Arnes  zittern. Seine

stehen zu  .

„W-was w-willst d-du?",

stottert er. Das  kichert.

„Dich erschrecken!", sagt es.

Plötzlich zieht das

seinen  herunter.

Nanu, das  ist ja ein  !

Nicht älter als Arne. Das  lacht.

„Hast du wirklich geglaubt,

ich wäre ein echtes  ?"

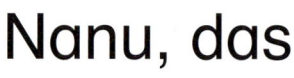

Arne nickt. Sein  ist fast

so rot wie eine  .

„Ich spuke hier für die  ,

die den  besichtigen",

erklärt das  . „Ohne ein

ist eine  doch langweilig."

Jetzt versteht Arne. „Meinst du,

die brauchen hier noch ein  ?",

fragt er eifrig. Das  nickt.

Und so spuken schon bald zwei

kleine kichernde  durch

die alte  am 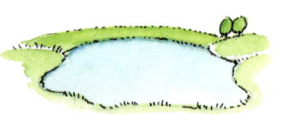 ...

Die Wörter zu den Bildern:

Ritterburg

Sattel

Teufel

Bein

Ritter

König

Lanzen

Becher

Schwerter

Ring

Damen

Hand

Pferd

Pfau

Reif

Leute

 Wächter

 Wappen

Turm

 Schild

Zinnen

 Kinder

Burgtor

 Ohren

Zugbrücke

 Wald

 Wasser

 Drache

 Brunnen

 Feuer

 Sonne

 Pilz

 Himmel

 Herz

Hose

Blätter

See

Koch

Insel

Brücke

Ufer

Baby

Mauern

Stufen

Spinnweben

Gespenst

Umhang

Kette

Knie

Haare

Berge

Mädchen

 Gesicht

 Tomate

Katja Reider, geboren 1960 in Goslar, arbeitete als Pressesprecherin des Wettbewerbs *Jugend forscht* – bis sie 1994 zu schreiben begann. In rascher Folge entstanden zahlreiche Kinder- und Jugendbücher, die in viele Sprachen übersetzt wurden. Katja Reider lebt mit ihrem Mann und ihren beiden Kindern in Hamburg.

Lila L. Leiber studierte Werbegrafik und arbeitete danach in verschiedenen Agenturen. Seit 1982 lebt sie in Hannover. Lila Leiber hat bereits zahlreiche Kinder- und Schulbücher illustriert. Ihre besten Kritiker sind ihre beiden kleinen Söhne David und Robert.

Bildermaus-Geschichten vom lustigen Abc
Bildermaus-Geschichten von der Dachbodenbande
Bildermaus-Geschichten vom kleinen Elefanten
Bildermaus-Geschichten vom Fußballplatz
Bildermaus-Geschichten vom kleinen Feuerwehrmann
Bildermaus-Geschichten von der kleinen Hexe
Bildermaus-Geschichten vom kleinen Indianer
Bildermaus-Geschichten von der netten Krankenschwester
Bildermaus-Geschichten vom kleinen Pinguin
Bildermaus-Geschichten vom kleinen Pony
Bildermaus-Geschichten vom frechen Räubermädchen
Bildermaus-Geschichten von der Ritterburg
Bildermaus-Geschichten von der Uhr
Bildermaus-Geschichten vom kleinen Weihnachtsmann